Dieses Buch ist von:

____

für:

____

Vorwort	S. 04
Anwendung	S. 05
Alles, was mir zu dir mit „A" einfällt	S. 06-09
Alles, was mir zu dir mit „B" einfällt	S. 10-13
Alles, was mir zu dir mit „C" einfällt	S. 14-17
Erinnerungsfragen	S. 18-19
Alles, was mir zu dir mit „D" einfällt	S. 20-23
Alles, was mir zu dir mit „E" einfällt	S. 24-27
Alles, was mir zu dir mit „F" einfällt	S. 28-31
So gut kenne ich dich	S. 32-33
Alles, was mir zu dir mit „G" einfällt	S. 34-37
Alles, was mir zu dir mit „H" einfällt	S. 38-41
Alles, was mir zu dir mit „I" einfällt	S. 42-45
Wir in Zahlen	S. 46-47
Alles, was mir zu dir mit „J" einfällt	S. 48-51
Alles, was mir zu dir mit „K" einfällt	S. 52-55
Alles, was mir zu dir mit „L" einfällt	S. 56-59
Quatsch	S. 60-61

Alles, was mir zu dir mit „M" einfällt	S. 62-65
Alles, was mir zu dir mit „N" einfällt	S. 66-69
Alles, was mir zu dir mit „O" einfällt	S. 70-73
Alles, was mir zu dir mit „P" einfällt	S. 74-77
Wir füher VS wir heute (Fotos)	S. 78-79
Alles, was mir zu dir mit „Q" einfällt	S. 80-83
Alles, was mir zu dir mit „R" einfällt	S. 84-87
Alles, was mir zu dir mit „S" einfällt	S. 88-91
Alles, was mir zu dir mit „T" einfällt	S. 92-95
Es wird Zeit dir etwas zu beichten	S. 96-97
Alles, was mir zu dir mit „U" einfällt	S. 98-101
Alles, was mir zu dir mit „V" einfällt	S. 102-105
Alles, was mir zu dir mit „W" einfällt	S. 106-109
Das halte ich von dir	S. 110-111
Alles, was mir zu dir mit „X" einfällt	S. 112-113
Alles, was mir zu dir mit „Y" einfällt	S. 114-115
Alles, was mir zu dir mit „Z" einfällt	S. 116-117
Zukunftsfragen	S. 118-119

Vorwort

In Zeiten der Digitalisierung und Onlineshopping, sind
persönliche Geschenke eine wahre Rarität geworden.
Aber wie kann man ein persönliches Present erstellen
das den heutigen Erwartungen von Ästhetik und Nutze
gerecht wird? Geschriebenes kann schnell verknüllt
werden und Gebasteles endet als Staubfänger.

Ein unelektronische Form der Erinnerungen

Genau hier setzt unser 'Write and Give' Buch an. Eine
Schrift voller persönlicher Erinnerungen um beim les
in der Vergangenheit zu schwelgen oder für gelegent-
liche Schmunzler.
Verschenke Erlebtes in Textform und zeige der Pers
die du liebst wie viel sie dir bedeutet zusammengefass
und gebunden mit ansprechendem Cover in diesem Bu

Wir wünschen euch beiden, dem Schenkenden und dem
Beschenkten, viel Spaß mit diesem Journal und hoffe
dass so manch vergessene Momente wieder aufleben
können.

Anwendung für den Schenkenden

Arbeite dich Stück für Stück durch das Buch und fülle
es mit Erinnerungen, Wünschen oder Zeichnungen. In
dem Buch findest du Buchstaben-Seiten und Seiten
mit Fragen. Deiner Vorstellung sind keine Grenzen
gesetzt wie du enstsprechende Stellen befüllst.

Nehme dir also viel Zeit und mache das Buch zu einem
persönlichen unvergesslichen Gesschenk.

Urlaubserlebnisse

Zwischen uns liegen
xx Jahre auseinander

Anwendung für den Beschenkten

Lese dieses Buch mit allergrößter Sorgfalt und denk
daran wie viel du der Person bedeutest, die dir dieses
Buch geschenkt hat. Viel Spaß!

"

Jedem **Anfang** wohnt ein
Zauber inne!

Hermann Hesse

"

Besondere Menschen erkennst du daran, dass sie dich berühren ohne ihre Hände zu benutzen.

Unbekannt

„

Gib jedem Tag die **Chance** der schönste deines Lebens zu werden.

Marc Twain

Wir kennen uns von:

Weißt du noch als...

Das mochte ich sofort an dir:

Dinge, die wir früher gerne gemacht haben:

Meine schönsten Erinnerungen mit dir...

Ich bin dir dankbar für:

Freude ist die einfachste
Form der **Dankbarkeit**.

Karl Barth

> **Ehrlichkeit** verschafft dir vielleicht nicht viele Freunde, aber dafür die richtigen.

Unbekannt

"

Freundschaft das ist eine Seele in zwei Körpern.

Aristoteles

Deine Lieblingssongs:

Filme, die du besonders magst:

Deine Hobbys sind:

Am liebsten isst du:

Deine Lieblings Reiseziele:

So verbringst du einen freien Tag:

Lieblingsfarbe, -tier, -jahreszeit:

Dein größter Traum ist:

,,

Das **Glück** kommt zu
denen, die lachen.

Japanische Weisheit

"

Man sieht nur mit dem **Herzen** gut. Das Wesentliche ist für die Augen unsichtbar.

Antoine de Saint-Exupéry

,,

Du und **ich**: wir sind eins.
Ich kann dir nicht wehtun
ohne mich zu verletzen.

Mahatma Gandhi

Zwischen uns liegen _______________________ Jahre

Das sind _______________________ Monate

und ganze _______________________ Tage

Ich schätze du bist _______________________ cm groß

Das ist zu mir ein Unterschied von _______________________ cm

Wir sind also größer als _______________________

Von mir zu dir liegen _______________________ km

Oder auch _______________________ Meter

Sind ganze _______________________ Schritte (selbst geprüft)

Immer wenn du _______________________

warte ich mindestens _______________________ ☐ Minuten

☐ Stunden

☐ Tage

Tatsächlich kennen wir uns   Jahre

Fühlt sich aber an wie

Was wir am liebsten gespielt haben:

Mit diesen Dingen könnten wir auf einer

einsamen Insel eine Ewigkeit verbringen:

1.

2.

3.

4.

5.

Es würde dabei nie langweilig werden!

"

Es sind nicht die **Jahre** deines Lebens, die zählen. Was zählt ist das Leben innerhalb der Jahre

Abraham Lincoln

"

Freundschaften sind wie Brücken, die uns mit all Ihrer **Kraft** über die Höhen und Tiefen des Lebens tragen.

Unbekannt

"

Die wirkliche **Liebe** beginnt da, wo keine Gegenliebe mehr erwartet wird.

Antoine de Saint-Exupéry

Zeichenrunde: Male in die freien Felder um
an ein Erlebnis oder einen Insider zu erin-
nern. Erlaubt ist alles. Von Kunstwerken
Bis hin zu einfachen Symbolen. Es sind der
Kreativität keine Grenzen gesetzt.
Der Beschenkte hat daneben Platz um zu
erraten, was gemeint ist.

Mut steht am Anfang des Handelns, Glück am Ende.

Demokrit

> Bleib in der **Nähe** von Menschen, die sich wie Sonnenschein anfühlen.

Unbekannt

"

Eine Welt **ohne** Freundschaft
ist eine Welt ohne Sonne.

Monika Minder

"

Persönlichkeiten, nicht Grundsätze, bewegen das Zeitalter.

Oscar Wilde

Das waren wir früher:

78

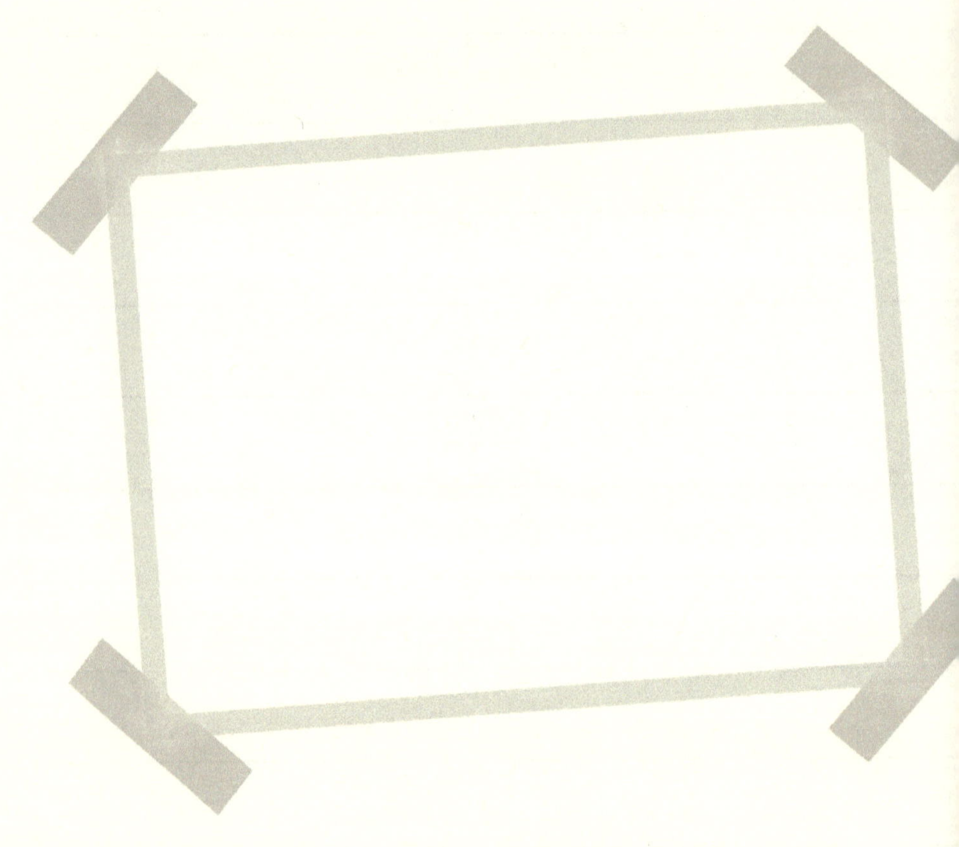

Das sind wir heute:

Die **Qualität** eines Menschen
hängt entscheidend von seiner
Echtheit ab.
Jürgen Seifert

"

Was wäre das Leben, wenn
wir nicht den Mut hätten
etwas zu **riskieren**?

Vincent van Gogh

,,

Einen **sicheren** Freund erkennt man in unsicherer Sache.

Cicero

"

Ein **Tag** ohne
ein Lächeln ist
ein verlorener Tag.

Charlie Chaplin

Eine Geschichte, die ich dir schon immer
beichten wollte:

"

Um etwas Großes zu erreichen,
darf man nicht vergessen,
den kleinen Dingen sein
Herz zu schenken.
Unbekannt

"

Im Grunde sind es doch **Verbindungen** mit Menschen, di dem Leben seinen Wert geben.

Otto von Bismarck

"

Ein bisschen Freundschaft ist mir mehr **Wert** als die Bewunderung der ganzen Welt.
Wilhelm von Humboldt

Wenn du ein Superheld wärst, dann wärst du

Das liebe ich an dir:

Darüber spreche ich mit dir am liebsten:

Diese Farbe steht dir besonders gut:

Du bist ein guter Mensch, weil:

Hierbei bist du ganz klar mein Vorbild:

An dich muss ich immer denken, wenn...

Das sollten wir öfter tun:

> **Wenn du nicht vergeben
> kannst, vergiebst du zu viel.**

Xavier Naidoo

99

Zusammen werden wir immer
mehr sein als die Summe
unserer Teile.

Paul **Young**

Zufriedenheit ist ein stiller Garten, in dem man sich ausruhen kann.

Markus Weidmann

Ich hoffe, dass wir in 10 Jahren....

Auf folgendes Ereignis freue ich mich:

Wenn wir beide alt sind sollten wir:

Das wünsche ich dir von ganzem Herzen:

Vielen Dank!

Wir hoffen, dass euch das Buch gefallen hat.
Über eine Bewertung oder Verbesserungs-
vorschläge würden wir uns sehr freuen!

Impressum:

Lem N Lov Publishing
vertreten durch:
Julia Kirberger &
Oliver Al Kass
Alle Rechte vorbehalten.

julia.kirberger@gmail.com
oliver.alkass@gmail.com
Landauer Straße 3
67346 Speyer